www.tredition.de

AF272314

In arte voluptas!

Johannes Höggerl

Gustav Mahler & Schlaraffia

Mahlers Beziehung zu Schlaraffia während
seiner Zeit in Laibach und Kassel

www.tredition.de

Das Buchumschlagsfoto von Gustav Mahler stammt aus 1884 und wurde in Kassel von Junker Eugen profan Eugen Kegel aufgenommen. Siehe: ÖNB/Wien Bildarchiv und Graphiksammlung http://data.onb.ac.at/rec/baa8034757, letzter Zugriff am 14.09.2018; Beim Wappen handelt es sich um jenes des hohen Reyches Chasalla (51), in welchem Gustav Mahler 1883 Schlaraffe wurde.

Alle Abbildungen, die mit Fußnoten versehen sind, stammen, soweit nicht anders bezeichnet, aus der Österreichischen Nationalbibliothek in Wien (ONB), Bildarchiv und Graphiksammlung und wurden von dieser mit freundlicher Genehmigung überlassen. Bei Abbildungen ohne Fußnoten ist eine Zuordnung leider nicht mehr möglich und sie sind als gemeinfrei einzustufen.

© 2019 Johannes Höggerl

Verlag und Druck: tredition GmbH, Hamburg

ISBN
Paperback: 978-3-7482-1253-9
Hardcover: 978-3-7482-1254-6
e-Book: 978-3-7482-1255-3

INHALTSVERZEICHNIS

VORWORT:

Dieser kleine Aufsatz soll zunächst versuchen die Beziehung von Gustav Mahler zu Schlaraffia näher zu klären. Gustav Mahler war einer der größten Dirigenten, Intendanten und vor allem Komponisten aller Zeiten und es macht durchaus Sinn diesen Zusammenhang, welcher in der Mahler-Forschung fast völlig unbekannt ist, intensiver zu erforschen.

Neben dieser Intention besitzt diese Arbeit aber auch eine weitere Aufgabe: Sie soll zeigen, zu was Schlaraffia in der Zeit zwischen 1882 und 1885 fähig war. Deswegen wird ganz bewusst auch auf andere Schlaraffen, die mit Mahler in Laibach und Kassel tätig waren, eingegangen und geschildert, was aus ihnen wurde. Ich habe diesen Aufsatz als Ritterarbeit im hohen Reych Juvavia (122) verfasst. Durch ein Gespräch kam ich auf die Idee, mich mit dem Thema näher zu beschäftigen. Nachdem ich erfuhr, dass auch in anderen Reychen ein Interesse an diesem besteht, habe ich mich entschlossen, ihn zu veröffentlichen.

Ganz herzlich möchte ich mich beim vcllieben Ritter Tütten vom hohen Stein (312), profan Jürgen Hüther bedanken, der mir liebenswürdigerweise und völlig selbstlos sein Privatarchiv öffnete. Rt Tütten froschte über Gustav Mahler im Archiv des h. Reychs Chasalla (51). Ohne den vcllieben Rt Tütten vom hohen Stein wäre diese Arbeit nicht möglich gewesen, uhuherztlichsten Dank dafür.

Weiters möchte ich mich beim vcllieben Rt Barocanto der Fabel-librische Adactus profan Dr. Robert Wampfler und seinen Helfern vom Allschlaraffischen Archiv im h. Reych Berna (70) bedanken, die mir die verschiedenen Stammrollen zur Verfügung stellten. Diese drei habe ich ganz bewusst im Anhang abgedruckt, da diese – meines Wissenstandes nach – der interessierten Öffentlichkeit bisher nicht zugänglich waren und Schlaraffia bis heute kein Geheimbund ist, der irgendetwas zu verheimlich hat.

WAS IST SCHLARAFFIA?

Schlaraffia® ist ein Spiel, das 1859 in Prag erfunden wurde. Es vereint auf einmalige Art und Weise Freundschaft mit Humor und Kunst. In jedem Fall ist Schlaraffia eine Persiflage auf das Leben. Ein deutschsprachiger Männerbund, weder geheim, noch politisch oder berufsfördernd.[1]

(Der Uhu – Symbol allschlaraffischer Weisheit)

Schlaraffia ist somit ein Spiel mit festen Regeln, durch welche die Mitspieler angehalten werden in einer Sippung sich für Freundschaft, Humor und Kunst zu öffnen. Schlaraffia wurde von deutschsprachigen Künstlern gegründet und sollte die ständische Gesellschaft aufs Korn nehmen. Die Unterscheidung in Knappen, Junker und Ritter stammt aus einem romantischen Geschichtsbewusstsein heraus. Im Laufe der Zeit entstanden die für Schlaraffia typischen, sprachlichen Ausdrücke, Spielregeln, Zeremonien und auch Lieder.

Man muss sich eine Sippung als eine zwei bis vier Stunden dauerende Zusammenkunft vorstellen, in denen die anwesenden Sassen kleine (literarische und musikalische) Fechsungen, die die Themen: Freundschaft, Humor und Kunst darbieten, vortragen. Daneben werden Ambtsgeschäfte, verschiedene Lieder, Ceremonien, rege Ad-hoc-Wortmeldungen und andere Spiele (Zweikämpfe) abgehandelt. Das Niveau der Fechsungen kann dabei, je

---

[1] Siehe: https://www.schlaraffia.org, letzter Zugriff 29.08.2018;

nach Vortragenden, sehr hoch sein, wobei es hinsichtlich der vorgebrachten Kunstformen keine Einschänkungen gibt. So haben Mundartdichtungen und Volksmusik genauso ihren Platz, wie Jazz, Rap oder klassische Gedichte sowie Musik.

Weil eine Sippung nur Freundschaft, Humor und Kunst dienen soll, existieren drei große Bereiche, die in einer solchen nicht angesprochen werden dürfen, dies sind: Politik, Religion und der Beruf. Schlaraffia versteht sich als eine tolerante, deutschsprachige Vereinigung von Männern, die in rund 260 Reychen rund um die Welt organisiert ist. Dementsprechend spielen bei der Aufnahme neuer Mitglieder Religion, Abstammung, politische oder weltanschauliche Einstellung und finanzielle Mittel keine Rolle.

Sollte durch diese Lektüre größeres Interesse am schlaraffischen Spiel geweckt werden, empfehle ich die Homepage des Verbandes Allschlaraffen unter https://www.schlaraffia.org/ zu besuchen, um mehr Informationen zu erhalten oder sogar mit einem Reych direkt in Kontakt zu treten.

Als letzter Hinweis – für alle Nicht-Schlaraffen – sei auf ein kleines Lexikon im Anhang mit schlaraffischen Begriffe verwiesen, welches helfen möge, die verwendeten schlaraffischen Begriffe leichter zu verstehen.

QUELLENLAGE:

Die Beziehung von Gustav Mahler und Schlaraffia zu beschreiben, ist leider sehr, sehr schwierig, da viele Quellen für immer versiegt sind. Dies beginnt in Laibach und setzt sich auch in Kassel fort: Das h. Reych Emona (18), welches in Laibach gegründet wurde, existierte nur sieben Jahrungen lang, eh es erlosch. Über Mahlers Arbeit in Laibach wissen wir nur aus Zeitungsberichten, da das Landschaftliche Theater fünf Jahre nach Mahlers Weggang abbrannte und damit alle Unterlagen des Theaters unwiderbringlich verbrannten.

Die Situation in Kassel ist nur ein wenig besser gelagert: Das Archiv des h. Reyches Chasalla (51) wurde während des zweiten Weltenbrandes zerbombt. Nur aus dem Archiv des Kasseler Theaters, Mahlers Briefe und diverser Zeitungen können wir einige Hinweise auf Mahlers Schaffen ziehen. Insofern ist es nicht mehr möglich zu sagen, was er an diesem oder jenem Abend in einer Sippung fechste. Zwar ist dieser Verlust sehr bedauerlich, jedoch müssen wir uns damit abfinden.

Dass wir überhaupt etwas über Gustav Mahler in Schlaraffia wissen, verdanken wir den viellieben Rt Raps den Großen, profan Edmund Eichler. Dieser kam 1880 auf die Idee, jedes Reych möge alle seine Sassen an die h. Allmutter Praga übermitteln und diese werde sodann eine allschlaraffische Stammrolle herausgeben. Diesem Einfall schulden wir es, dass wir von Gustav Mahler als Ehrenpilger, Ritter, Erz-Schlaraffen und später auch Ehrenschlaraffen berichten können. Die Stammrollen aus den Jahren 1882, 1884 und 1885 sind Beweise dafür. So großartig diese auch sind, können sie uns doch nicht schildern, wie intensiv die Beziehung zwischen Mahler und den h. Reychen war, deswegen bleibt immer ein gewisser Schleier oder Nebel, der nicht entfernt werden kann.

Doch versuchen wir die Beziehung chronologisch aufzuarbeiten:

GUSTAV MAHLER:

Das Erste, was auffällt, ist, dass zwischen der Geburt von Gustav Mahler und der Gründung von Schlaraffia ein zeitlicher und räumlicher Zusammenhang erkennbar ist. Die Allmutter Praga wurde am 10 des Lethemondes anno Uhui 0, das ist profan der 10.10.1859 in Prag gegründet. Gustav Mahler wurde neun Monate später, nämlich am 07.07.1860 in Kalischt, welches etwa 100 km südöstlich von Prag liegt, geboren. Schon sehr bald zog seine Familie etwa 35 km weiter südöstlich nach Iglau, wo er aufwachsen sollte. 1875 ging er nach Wien zum Studium (Klavier/Komposition) an das Konservatorium. Nach abgeschlossener Ausbildung bekam er im Sommer 1880 ein kurzes Engagement im Sommertheater in Bad Hall. Ob Mahler schon vor seiner Zeit in Laibach Kontakt zu Schlaraffia hatte, kann heute nicht mehr beantwortet werden. Rein theoretisch ist das zwar möglich, da das h. Reych Vindobona (24) am 02. des Christmondes a. U. 21 profan 02.12.1880 gegründet wurde und sich Mahler zu dieser Zeit in Wien aufhielt, Belege finden sich dafür jedoch keine.

(Jugendbildnis Mahlers)[2]

---

[2] Siehe: ÖNB/Wien Bildarchiv und Graphiksammlung, http://data.onb.ac.at/rec/baa10308436, letzter Zugriff 14.12.2018;

GUSTAV MAHLER IN LAIBACH:

Am 03.09.1881[3], Mahler war gerade 21 Jahre alt, trat er seine erste Kapellmeisterstelle am Landschaftlichen Theater in Laibach an. Zu diesem Theater muss man anführen, dass der Urschlaraffe und Gründer von Schlaraffia Rt Carl II profan Franz Thomé etwa 40 Jahre früher Direktor dieses Hauses war. Mahler war erster und einziger Kapellmeister an diesem Theater. Das Orchester bestand nur aus 18 Musiker, bei Bedarf konnte es jedoch durch Musiker der Militärkapelle verstärkt werden.[4] Aufgrund dieser Umstände muss man ganz berechtigterweise von einer Provinzbühne einer k. u. k Kleinstadt sprechen. In Laibach lebten etwa 30.000 Einwohner, wobei ein Fünftel davon Deutschsprachige waren.[5] Das Theater war eines, indem vorwiegend in deutscher Sprache gesungen wurde. Eine Jahrung bevor Mahler nach Laibach kam am 07. des Lethemondes a. U. 21 profan am 07.10.1880, wurde die fröhliche Colonie Emona (18) gegründet, die somit in der Jahrung 22/23 ihr erstes Stiftungsfest feiern konnte. Die Sippungen fanden immer mittwochs im sehr vornehmen Casino von Laibach statt.[6] Zwischen dem Ensemble des Landschaftlichen Theaters und Emona gab es sehr große, personelle Überschneidungen: Der Rt Colophonium der Winsler, profan Georg Mayer war Orchester-Direktor, also eine Art Orchestervorstand; der Bass-Bariton Rt Bertram der Süßholzraspler, profan Eduard Unger war Reychsmarschall; Rt Raoul der Wiener Blitz, profan Friedrich Erl, lyrischer Tenor; Rt Pizzicato di Maccheroni, profan Alessandro Luzzatto, ein Buffo-Bariton und Knappe 56, profan Arthur Kmenth ebenfalls Tenor. Andere Sassen waren noch Musiker oder Schauspieler, ohne dass wir sie

---

[3] Siehe: https://www.gustav-mahler.eu/index.php/perioden/44-1881-1882-provincial-theater-ljubljana/62-1881, letzter Zugriff am 18.12.2018;
[4] Kuret, P. : *Mahler in Laibach*, Böhlau Verlag Wien, 2001, S. 45;
[5] Ebenda, S. 33;
[6] Stammrolle der Schlaraffenreyche des Erdballs, anno domini Uhui 1582 am 15. Februarii; Druck von Carl Bellmann in Prag; Verlag der Schlaraffia in Prag, S. 57;

heute dem Landschaftlichen Theater genau zuordnen könnten. Offensichtlich waren viele Sassen der Emona sehr eng mit dem Theater verflochten, wie dies für eine Schlaraffia der damaligen Zeit üblich war. Schlaraffia verstand sich als Künstlervereinigung und diesen Anspruch konnte Emona zweifelslos erfüllen.

Ein Grund, warum Mahler sich Schlaraffia genähert haben könnte, mag auch sein, dass er sich dadurch Hilfe und Unterstützung bei seiner Karriere erhoffte. In Schlaraffia gab es damals einige Theaterdirektoren, die seiner Karriere dienlich sein hätten können. Der bedeutendste Schlaraffe an der Spitz eines großen Opernhauses war Wilhelm Jahn, der ab 01.01.1881 Direktor an der k. u. k Hof-Operntheater in Wien, heute der Wiener Staatsoper, war.[7] Jahn war nicht nur Sänger, Musiker, Dirigent, Regisseur und Operndirektor, er war auch Urschlaraffe nämlich Rt Mager, der doppelte Speisezettel. Er war damals für alle Schlaraffen eine lebende Legende, so wurde er beispielsweise 1885 in ´Der Schlaraffia Zeytungen`, also wo Mahler noch in Kassel weilte, auf der ersten Seite – als Zeichen seiner besonderen Verdienste – portraitiert.[9] Es ist völlig unwahrscheinlich, dass Mahler nicht schon in Laibach erfuhr, dass Jahn auch Schlaraffe sei. Jahn war übrigens siebzehn Jahre lang Direktor der Hofoper, sein Nachfolger sollte ausgerechnet Gustav Mahler werden.

(Wilhelm Jahn)[8]

[7] Siehe: https://de.wikipedia.org/wiki/Wilhelm_Jahn_(Musiker), letzter Zugriff am 19.09.2018;
[8] Siehe: ÖNB/Wien Bildarchiv und Graphiksammlung, http://data.onb.ac.at/rec/baa3579858, letzter Zugriff am 31.08.2018;
[9] Zeitung: „Der Schlaraffia Zeytungen", Amtliches Organ der All-Schlaraffia, Heft Nr. 77, vom 08.01.1885, S. 371;

Es scheint so, dass Mahler sehr rasch, nachdem er nach Laibach gekommen war, in Kontakt mit Emona kam. Wahrscheinlich nahm ihn einer oder mehrere Sassen zu einer Sippung mit und höchstwahrscheinlich gefiel es ihm ganz gut. Anders ist es nicht zu erklären, dass Gustav Mahler in der Stammrolle, die bereits am 15. des Hornungs a. U. 23, profan am 15.02.1882, erschien, als Ehrenpilger des h. Reyches Emona (18), gelistet wurde. Die genaue Eintragung lautet:

Ehrenpilger.... (Gustav Mahler, Kapellm., Laibach, Auerspergplatz.)[10]

Unter dem Begriff des Ehrenpilgers verstand man, gemäß dem viellieben Rt Führ-Witz das Sprach-Rohr (326) profan Dieter Dörner, einerseits Schlaraffen, die besonders verdient waren also eine Vorstufe zum Ehrenritter, andererseits aber auch profane Gäste.[11] Er fügte dem hinzu, bei Ehrenpilger würde es sich meistens um Profane handeln, die aus verständlichen Gründen Schlaraffia nicht beitreten wollten oder konnten (z. B. Personen, die in der Öffentlichkeit standen oder vielbeschäftigt waren). Gustav Mahler war somit kein Sasse Emonas, aber er stand ihr so nahe, dass er Eingang in die Stammrolle fand. Dies ist sehr erstaunlich, da Mahler erst Anfang September nach Laibach kam und die Stammrolle bereits fünf Monate später veröffentlich wurde. Wahrscheinlich meldete das h. Reych Emona schon im Januar ihre Sassen an die h. Allmutter, was dafürspricht, dass Mahler, innerhalb von wenigen Monaten, ein sehr enges Verhältnis zu diesem h. Reych aufbaute.

---

[10] Stammrolle der Schlaraffenreyche des Erdballs, anno domini Uhui 1582 am 15. Februarii; Druck von Carl Bellmann in Prag; Verlag der Schlaraffia in Prag, S. 59, siehe auch S. 47;

[11] Rt Führ-Witz, *Vom Ehrenpilger zum Ehrenschlaraffen*, in: *Chronik des Verbandes Allschlaraffia anlässlich der 150-Jahr-Feyer zu Dorbirna*, am 10.10. a.U. 150 (2009) S. 133;

Im Rahmen des Landschaftlichen Theaters sind uns viele Aufführungen bekannt, wo vier oder fünf Schlaraffen mitwirkten. Nur ein paar Aufführungen sollen beispielsweise herausgegriffen werden. Am 16.12.1881 wurde ein ʹIl barbiere de Sivigliaʹ von Gioachino Rossini gegeben; Rt Raoul der Wiener Blitz sang den Grafen Almaviva, Rt Pizzicato di Maccheroni den Figaro und Rt Bertram der Süßholzraspler den Don Basilio.[12] Zusätzlich dirigierte Mahler und Rt Colophonium der Winsler spielte höchstwahrscheinlich im Orchester. Wenn man also bedenkt, dass alle männlichen Hauptrollen und ein Orchestermusiker von Schlaraffen übernommen wurden, dazu noch der Dirigent ihr nahe stand, so kann man das künstlerische Format deutlich erkennen. Am 27.01.1882 wurde ʹFaustʹ von Charles Gounod gegeben: Rt Raoul sang den Faust, Rt Pizzicato den Valentin und Rt Bertram den Mephistopheles. Besonders Rt Raoul bekam hervorragende Kritiken.

Überhaupt sollte Rt Raoul die erfolgreichste Karriere der in dieser Jahrung seßhaften Emona Sassen gelingen. Friedrich Erls beruflicher Werdegang führte ihn unter anderem an das Hoftheater Berlin, 1884 an das Opernhaus Zürich, 1885 an das deutsche Theater Rotterdam und an das Hof- und Nationaltheater Mannheim.[13] Dass Mahler ihm besonders schätzte, kann man daran erkennen, dass Rt Raoul wahrscheinlich aufgrund seiner Empfehlung 1882 in Olmütz sang.[14] 1904 wurde er ans Hoftheater in Karlsruhe engagiert und wirkte dort 1910 an der Uraufführung der Oper ʹBanadietrichʹ von Siegfried Wagner mit.[15]

In den ʹLustigen Weiber von Windsorʹ von Otto Nicolai sang Rt Bertram den Falstaff, Rt Raoul den Fenton und Rt Pizzicato den Fluth und Mahler dirigierte wieder.[16] Alle drei bekamen hervorragende Kritiken für ihre Leistungen.

---

[12] Kuret, P. : *Mahler in Laibach*, Böhlau Verlag Wien, 2001, S. 56;

[13] Ebenda, S. 76;

[14] Ebenda, S. 75;

[15] Siehe: https://de.wikipedia.org/wiki/Friedrich_Erl, letzter Zugriff am 05.09.2018;

[16] Kuret, P. : *Mahler in Laibach*, Böhlau Verlag Wien, 2001, S. 60;

Zur damaligen Zeit war es an Provinztheater üblich, dass alle Stützen des Hauses einen eigenen Benefizabend zu gestanden bekamen. Das besondere an diesen Benefizveranstaltungen war, dass einerseits die Benefizianten besonders gefeiert und mit einem Lorbeerkranz geschmückt wurden, anderseits sie die gesamten Einnahmen des Abends erhielten. Zusätzlich durften sie sich jenes Werk, welches zu ihren Ehren gespielt werden sollte, aussuchen. Rt Raoul wählte für seine Benefizvorstellung den 'Faust` von Gounod, Rt Bertram die 'Lustigen Weiber von Windor`, die wir beide schon besprachen, Rt Pizzicato gab einen italienischen Opernabend mit verschiedenen Arien.[17] Mahler wählte für seine Aufführung vom 23.03.1882 die selten gespielte Oper 'Alessandro Stradella` von Friedrich von Flotow. Knappe 56 sang den Bandit Barbarino, Rt Bertram den Bassi und Rt

(Mahler im Jahre 1881)[18]

Raoul den Titelhelden.[19] Diese Aufführung erhielt ganz gute Kritiken und war eine der letzten, die er in Laibach geben sollte.

Am 02.04.1882 trat er zum letzten Mal in einer Künstlerakademie auf und am 03.04.1882 verließ er Laibach für immer in Richtung Wien. Gustav Mahler gefiel es in Laibach wahrscheinlich sehr gut, denn eigentlich wäre er gerne wieder zurückgekehrt.[20] Vielleicht

---

[17] Ebenda, S. 58-59;
[18] Siehe: ÖNB/Wien Bildarchiv und Graphiksammlung,
http://data.onb.ac.at/rec/baa12426918, letzter Zugriff am 31.08.2018;
[19] Kuret, P. : *Mahler in Laibach*, Böhlau Verlag Wien, 2001, S.. 65-66;
[20] Ebenda, S. 79;

leistete dazu auch das h. Reych Emona ihren Beitrag, doch leider war Mahler den Intendanten für die nächste Saison zu teuer, weshalb er sich einen anderen Dirigenten suchte.

Zu Emona ist noch zu berichten, dass die enge Verbindung zum Landschaftlichen Theater wahrscheinlich auch das Ende des Reyches beschleunigte. In den Jahren nach Mahler sank die künstlerische Qualität beträchtlich. So wurden immer weniger Opern, dafür mehr Operetten gespielt. Im Jahr 1887 wurde das Landschaftliche Theater in Laibach Opfer eines großen Brandes.[21] Exakt im gleichen Jahr erlosch das h. R. Emona (18).[22]

---

[21] Ebenda, S. 80;

[22] Chronik des Verbandes Allschlaraffia zur Hundertjahrefeyer in Norimberga A. U. 100 (1959), Band I., S. 407;

MAHLER ZWISCHEN LAIBACH UND KASSEL:

Nach Wien zurückgekehrt, bestritt Mahler sein Einkommen – bis er ein neues Engagement finden sollte – durch das Geben von Klavierstunden. [23] Ob er in dieser Zeit Kontakt zu Schlaraffia pflegte, ist (wieder einmal) nicht belegbar. Es dauerte von April 1882 bis Januar 1883, also acht Monate, bis sein Manager Löwy eine neue Anstellung ihm vermitteln konnte. Er erhielt einen Vertrag beginnend mit 11.01.1883 am mährischen Theater am Oberring im Olmütz. In Olmütz gab es damals ebenfalls ein sehr großes Reych, welches mit dem Theater sehr eng verbunden war. Das h. Reych Olomucia (35) wurde am 05. des Windmondes a. U. 22. profan 05.11.1881 gegründet und bestand somit schon. [24] Allerdings gefiel es Mahler in Olmütz überhaupt nicht; die Arbeitsbedingungen waren sehr schlecht, weshalb er es am 18.03.1883 schon wieder verließ. Zurückgekehrt nach Wien, wurde er von März bis Mai Chorleiter im Carltheater.

Am 22.05.1883 traf Mahler zum ersten Mal in Kassel ein. Er sollte dort sein Talent unter Beweis stellen. Selbstverständlich engagierte ihn der Intendant Adolph von Gilsa für drei Jahre als Musik- und Chordirektor für das Königlichen Schauspiel. [25] Anschließend kehrte er nach Wien und Iglau zurück. Am 28.07.1883 besuchte er in Bayreuth eine Vorstellung von Richard Wagners 'Parsifal`, welche ihn sehr bewegte. [26] Am 21.08.1883 – also fast 17 Monaten nach dem Verlassen von Laibach – trat Mahler seinen Dienst am Königliche Schauspiel in Kassel an.

---

[23] Kuret, P. : *Mahler in Laibach*, Böhlau Verlag Wien, 2001, S. 71;

[24] Chronik des Verbandes Allschlaraffia zur Hundertjahrefeyer in Norimberga A. U. 100 (1959), Band I., S. 455;

[25] Schaefer, H. J.: *Gustav Mahler – Jahre der Entscheidung in Kassel 1883-1885*, in: *Stadtsparkasse Kassel (Hrsg.) in der Reihe: Kassel trifft sich – Kassel erinnert sich – in der Stadtsparkasse Kassel*, Verlag Weber & Weidemeyer, Kassel, 1990, S. 18-19;

[26] Ebenda, S. 19;

KASSEL UND DAS KÖNIGLICHE THEATER KASSEL:

(Hoftheater Kassel um 1900)

Als Mahler nach Kassel kam, lebten etwa 62.000 Menschen in der Stadt, also doppelt so viele, wie in Laibach. [27] Kassel war damals ein künstlerisches Zentrum und unterstand der preußischen Aufsicht in Berlin. Das Theater umfasste 1.044 Sitzplätze und der Orchestergraben bot Platz für 55 Musiker. [28] Der wesentliche Unterschied für Mahler zu Laibach und Olmütz war, dass er nicht mehr erster Kapellmeister war. Seine unmittelbaren Vorgesetzten waren der Intendant Adolph von Gilsa, der erste Kapellmeister Wilhelm Treiber und der Oberregisseur Jakob Wohlstadt. Mahler konnte in Kassel in künstlerischen Belangen nicht schalten und walten, wie er wollte. [29] Dies behagte ihm – verständlicherweise – gar nicht. Als Musik- und Chordirektor war er gewissermaßen ein zweiter Kapellmeister, der neben der Leitung des Orchesters, das Proben mit Sängerinnen sowie Sängern und des Chors überhatte. Wenn Kapellmeister Treiber dirigierte, musste er – soweit notwendig – die Choreinsätze auf der Hinterbühne geben. Zweifelsohne hatte er viel zu tun, jedoch waren ihm besonders in der ersten Spielzeit 1883/84 die großen Opern-Aufführungen mit Ausnahme von je vier Aufführungen von Meyerbeers ´Robert der Teufel` und Lortzings ´Zar und Zimmermann` verwehrt, da sich die übrigen Kapellmeister Treiber vorbehalten hatte. [30]

---

[27] Ebenda, S. 20;
[28] Ebenda, S. 23;
[29] Ebenda, S. 22-30;
[30] Ebenda, S. 112-113;

MAHLER UND CHASALLA:

Es ist sehr erstaunlich, wie schnell Mahler wieder Kontakt zu Schlaraffia herstellte. Kaum war er in Kassel Ende August angekommen, fand er Anschluss an eine Gruppe von Männern, die gerade dabei waren eine neue Colonie zu gründen. Gerade einmal ein Monat und fünf Tage nach seiner Ankunft, also am 26. des Herbstmondes a. U. 24, also am 26.09.1883 wurde die fröhliche Colonie Chasalla (51) feierlich gegründet. Mahler war höchstwahrscheinlich an dieser Feierstunde anwesend, da er in der Stammrolle als Erzschlaraffe des h. Reyches Chasalla bezeichnet wird. [31] Wie aus den Stammrollen auch hervorgeht, fanden die Sippungen in der Löwenburg im Palais-Restaurant in der Oberen Königsstraße Nr. 22 statt.[32] Eben, in derselben Straße,

(Wappen der Schlaraffia Chasalla)

nur wenige Schritte davon entfernt, an jener Stelle, wo heute die Galeria Kaufhof Filiale Kassel – das ist Hausnummer. 31 – sich befindet, stand damals das Königliche Schauspiel. Der Mahler-Forscher Knud Martner stellte fest, dass das Königliche Schauspiel in der Regel sechsmal die Woche Vorstellungen anbot, jedoch war am Freitag meistens Ruhetag.[33] Dies hieß jedoch nicht, dass an jenen Wochentage keine Proben stattfanden. Aus Sicht der ersten

---

[31] Stammrolle der Schlaraffenreyche des Erdballs, anno domini Uhui 1584; Druck von Carl Bellmann in Prag; Verlag der Schlaraffia in Prag, S. 226;

[32] Ebenda, S. 225;

[33] Martner, K.: *Mahlers Tätigkeit in Kassel in neuer Sicht*, in: *Nachrichten zur Mahler-Forschung*, veröffentlich von der Internationalen Gustav Mahler Gesellschaft, Heft Nr. 21, 1989, S. 8;

Chasallen machte es deswegen wohl Sinn, gerade an einem Freitag zu sippen, denn, selbst wenn Proben angesetzt waren, konnten die entsprechenden Sassen rasch nachkommen.[34] Es ist deswegen anzunehmen, dass Mahler, soweit er das auch wollte, an den Sippungen regelmäßig teilnehmen konnte. Für dies spricht auch, dass diese erst um Glock 9 abends, also um 21.00 Uhr begannen.[35]

Am Freitag, den 02. des Windmodes a. U. 23, also am 02.11.1883 wurde Gustav Mahler zum Ritter geschlagen und wurde damit Schlaraffe.[36] Dieser sehr rasche Ritterschlag ist nur dadurch zu erklären, dass Gustav Mahler zumindest in Laibach in Kontakt mit Schlaraffia gekommen war. Offensichtlich wurde die Zeit im h. Reych Emonia berücksichtigt, ansonsten hätte man ihn sicher nicht gleich zum Ritter geschlagen, sondern hätte ihn Knappe werden lassen. Wenn man bedenkt, er verbrachte nur sechs Monate in Laibach, kann man sich nicht ganz dem Eindrucke erwehren, dass er sich vielleicht doch auch in Wien oder Olmütz in Kontakt mit Schlaraffia stand. So wurde Mahler nach nur 73 (!) Tagen in Kassel zum Ritter geschlagen und erlebte so das höchste schlaraffische Fest überhaupt. In der Stammrolle, die erst im Januar oder Februar 1884 publiziert wurde, scheint er unter folgenden Vermerk auf:

Ritter Klingsohr der v. Phlegma, Ez., Z. (G. Mahler, kgl. Musikdirektor, Karlsstr. 17.)[37]

Einleitend sei erklärt, der Rittername ist für das schlaraffische Spiel sehr bedeutsam: dient er doch als Spielname und wird somit während der Sippung immer verwendet; dadurch treten die eigent-

---

[34] Stammrolle der Schlaraffenreyche des Erdballs, anno domini Uhui 1584; Druck von Carl Bellmann in Prag; Verlag der Schlaraffia in Prag. S. 225;
[35] Der Schlaraffia Zeyttungen, Ambtliches Organ der All-Schlaraffia, Nr. 64, S. 266;
[36] Aus dem Archiv des Reyches Chasalla, Mitteilung von Rt Tütten;
[37] Stammrolle der Schlaraffenreyche des Erdballs, anno domini Uhui 1584; Druck von Carl Bellmann in Prag; Verlag der Schlaraffia in Prag. S. 226; siehe auch S. 49;

lichen Namen (Vor- und Familienname) in den Hintergrund, weshalb es oft vorkommt, dass sich Schlaraffen nur unter ihren Ritternamen kennen und gar nicht wissen, wie der andere profan heißt. Auch dürfen sich normalerweise Schlaraffen ihren Ritternamen selbst auswählen.

Zu Mahlers Ritternamen ist einiges zu sagen: Der erste Teil lautet auf Klingsohr. Es ist durchaus möglich, dass er sich auf den Ritter Klingsor aus Wagners 'Parsifal' bezog. Was dafür spricht, ist, er sah wenige Monate vorher den 'Parsifal' in Bayreuth und war sehr beeindruckt davon. Er hätte sich – sollte er diesen Klingsor tatsächlich gemeint haben – einen Gefallenen zum Ritternamen gewählt. Wollte er dies, könnte man dies auch dadurch erklären, dass er aufgrund seines jüdischen Glaubens angefeindet wurde, was leider auch in Kassel massiv geschehen sollte. Mahler hätte sich dann als gefallenen Ritter und als Außenseiter begriffen, der wegen seines Andersseins aus der Gralsgemeinschaft vertrieben wurde. Es würde also durchaus Sinn machen, diesen Zusammenhang herzustellen, allerdings lassen mich zwei Gründe dagegen entscheiden:

Erstens stellt Klingsor ein sehr negativer Charakter dar, da er ein abtrünniger, böser Ritter ist. Er stiehlt – aus Machtgier – die heilige Lanze, verletzt Amfortas damit und will Parsifal durch sie töten. Es stimmt schon, es gab in Schlaraffia immer wieder Ritter, die sich einem negativen Helden zum Ritternamen wählten. So gab es Ritter Luzifer und Mephistofles mehrfach, jedoch sind diese selten. Auch würde dies nicht so recht zu Mahlers Charakter passen, er war damals sicher sehr viel, aber keinfalls Zyniker und Sarkast.

Der zweite Grund, der gegen die Klingsor-These spricht, ist ein sehr offensichtlicher: Der wagnerische Klingsor schreibt sich im Unterschied zu Mahlers Klingsohr ohne stummen H. Natürlich kann dies ein Flüchtigkeitsfehler sein oder eine orthographische Verwechslung unterliegen. Ich denke, dies war aber nicht der Fall: Mahler wusste schon, wie man Klingsor bei Wagner schrieb und meinte damit einen anderen Klingsohr. Dies belegt auch der Bayreuther Theaterzettel aus dem Jahre 1883, wie ihn Mahler am 28.07.1883, bei seinem Besuch, zu sehen bekam. Weder Klinsgsor noch Klingsors´ Zaubermädchen wurden von Wagner mit stummen H geschrieben.

Bühnenfestspielhaus Bayreuth.

PARSIFAL.

Ein Bühnenweihfestspiel von RICHARD WAGNER.

Die von dem verewigten Meister bis ins Einzelne vorbereiteten

12 öffentlichen Aufführungen

werden stattfinden am

8., 10., 12., 14., 16., 18., 20., 22., 24., 26., 28. und 30. Juli 1883.

Personen der Handlung in drei Aufzügen:

Amfortas	Herr Reichmann.	Kundry		Frau Materna.	
Titurel	„ Fuchs.			Fräulein Malten.	
Gurnemanz	„ Scaria.	Erster	Gralsritter	Herr WiДень.	
	„ Siehr.	Zweiter		„ Stumpf.	
Parsifal	„ Winkelmann.	Erster		Fräulein Galfy.	
	„ Gudehus.	Zweiter	Knappe	„ Keil.	
Klingsor	„ Degele.	Dritter		Herr Mikorey.	
	„ Fuchs.	Vierter		„ v. Hübbenet.	
Klingsors' Zaubermädchen:		1. Gruppe		Fräulein Horson.	
				„ Meta.	
				„ Herzog.	

(Bayreuther Theaterzettel von 1883)

Offensichtlich meinte Mahler auch nicht die Figur des Klingsors im ´Parzival` von Wolfram von Eschenbach, da Wolfram diesen als Klingschor bezeichnete.

Tatsächlich existiert ein bedeutendes Werk der deutschen Romantik, in dem ein Dichter-Lehrmeister namens Klingsohr in Erscheinung tritt. Mahler, der sich bekanntlich mit der romantischen Literatur sein gesamtes Leben ausführlich beschäftigte, könnte den Klingsohr aus ´Heinrich von Ofterdingen` von Novalis gemeint haben, den diesen schreibt man tatsächlich so. Friedrich von Hardenberg der unter den Pseudonym Novalis veröffentlichte, beschrieb darin – um das Jahr 1800 – die Suche nach der Blauen Blume und schuf damit den Inbegriff der romantischen Symbolik, von der Heinrich träumte. Im ersten Teil dieses Romans, Kapitel

23

Neun erzählt Klingsohr das berühmte Märchen von Fabel und Eros. Dieses ist einer der Höhepunkte der romantischen Literatur, leider ist hier nicht der Ort, dieses näher zu besprechen, da es den Rahmen dieser Arbeit sprengen würde. Klingsohr ist bei Novalis ein Dichter und Lehrmeister des Heinrichs; er ist damit Künstler, ähnlich wie später bei Hermann Hesse in seiner Erzählung 'Klingsors letzter Sommer', welche 1919 erschien. In der mittelhochdeutschen Literatur spielt Klingsohr eine ähnliche Rolle, wie der Zauberer Merlin des anglo-irschen Arthur-Mythos. Dieser erreichte jedoch nicht Merlins Popularität und wandelte sich auch durch die Romantik. Ich denke diesen meinte Mahler, da Klingsohr die gesamte romantische Welt versinnbildlichte, mit der er sich, wie zum Beispiel in 'Des Knaben Wunderhorn', so unendlich viel auseinandersetzte.

Zum zweiten Teil seines Namens, 'der vom Phlegma' muss man anführen: Mahler war sicher viel, aber nie ein Phlegmatiker. Er war das Gegenteil davon: Cholerisch, pedantisch und aufbrausend, deswegen ist anzunehmen, dass er diesen Teil seines Namens selbstironisch wählte. Offensichtlich war er sich seines Charakters sehr wohl bewusst und besaß ein gehörige Portion Humor und Selbstreflexion. Auch die anderen Ritter wählten scherzhafte Beschreibungen wie Wuthknochen oder der Quellfeind.

Auf zwei Punkte soll noch kurz hingewiesen werden: Wie aus jener Stammrolle hervorgeht, war Mahler für diese Jahrung als Zinkenmeister in Chasalla vorgesehen, darauf deutet das Z. hin. Dieses Amt wird ihm kaum Mühe bereitet haben, schließlich war er ausgebildeter Pianist. Jedoch zeigt dies, dass er doch in der Saison 1883/84 Zeit am regelmäßigen, fröhlichen sippen gehabt haben müsste, schließlich wird dieses Amt nicht an einen Sassen vergeben, der von vorhinein keine Zeit dazu besitzt bzw. dafür nicht zur Verfügung steht. Dies insbesondere dann, wenn andere Musiker, wie dies bei Chasalla der Fall gewesen ist, zur Verfügung gestanden wären. Auch darf man nicht vergessen, dass betreffende Stammrolle – anders als heute – erst im Frühjahr 1884 publiziert wurde und somit sie in der Mitte der Jahrung erschien. Hätte Rt

Klingsohr zu einem früheren Zeitpunkt keine Zeit oder Lust zu diesem Amt gehabt, wäre es ein leichtes gewesen einen neuen Zinkenmeister zu bestellen. Insofern darf man annehmen, dass er dieses Amt in dieser Jahrung auch tatsächlich ausübte. Mahler muss demnach mit dem schlaraffischen Liedergut vertraut gewesen sein.

Zweitens wird er als Erz-Schlaraffe bezeichnet also als Gründungsmitglied. Die Abkürzung dafür ist das EZ. Er muss somit bei der Gründung der Colonie in irgendeiner Weise mitgewirkt haben.

MAHLER UND SEINE ZUSAMMENARBEIT MIT CHASALLA-SASSEN:

Da wir – leider – unmittelbar keine Dokumente mehr besitzen, wie Mahler damals in Chasalla wirkte, können wir nur über diesen Bereich spekulieren. Was wir jedoch sehr gut nachzeichnen können, ist das Verhältnis von Mahler zu einzelnen Chasalla-Sassen im Rahmen der gemeinsamen Arbeit am Königlichen Theater. Aufgrund dieser lassen sich auch ein paar Rückschlüsse auf sein Mitwirken in Schlaraffia ziehen.

In der ersten Spielzeit gibt es dazu wenig Bemerkenswertes zu berichten: Mahler dürfte nicht sehr viel Einfluss auf den Spielplan gehabt haben und auch seine Dirigate hielten sich – hinsichtlich der großen Opern – sehr zurück. Doch ein wichtiges Ereignis bot diese Spielzeit und dies sollte am Ende – nämlich am 23.06.1884 – stattfinden:

Mahler sollte für eine Benefizveranstaltung die Begleitmusik zum 'Trompeter von Säckingen' schreiben. Ehrenschlaraffe Ekkehard (51), profan Joseph Victor von Scheffel, der zu diesem Zeitpunkt noch lebte, veröffentlichte diesen Roman 1853. Dieser war um 1884 derart populär, dass auch die Theater diesen adaptierten. Wie die genaue Abfolge dieser Dramatisierung erfolgte, wissen wir leider nicht. Mahler schrieb innerhalb von nur zwei Tagen diese Begleitmusik und niemand geringerer als Ritter Coriolan der Stürmer, Oberschlaraffe in dieser Jahrung, profan Gustav Thies sprach die zwischen den Szenen verbindende Deklamation.[38] Leider ist die Musik verlorengegangen. Das Trompetenmotiv verwendete Mahler jedoch für seine erste Sinfonie. Im ursprünglichen zweiten Satz, der 'Blumine' genannt wird, taucht das Motiv von

---

[38] Schaefer, H. J.: *Gustav Mahler – Jahre der Entscheidung in Kassel 1883-1885*, in: Stadtsparkasse Kassel (Hrsg.) in der Reihe: *Kassel trifft sich – Kassel erinnert sich – in der Stadtsparkasse Kassel*, Verlag Weber & Weidemeyer, Kassel, 1990, S. 49-52;

Werners Trompeterlied wieder auf. [39] Aber auch im zweiten Lied aus den ´Lieder eines fahrenden Gesellen`, die Mahler noch in Kassel schrieb und zu komponieren begann, finden sich davon anklänge.

So wenig ansonsten Bedeutsames über seine erste Spielzeit in Kassel zu berichten ist, so kann doch über seine zweite vielmehr erzählt werden: Während der ersten Spielzeit 1883/84 war der Kammermusiker Otto Kaletsch, der damalige Junker Otto und spätere Rt Pizzicato von der leere Quinte, vertretungsweise Chorleiter in Hannoversch Münden. Münden, welches etwa 25 km von Kassel entfernt liegt, war damals Sitz eines gemischten Chorvereins. Aus Zeitgründen legte Rt Pizzicato jedoch im Herbst 1884 die Chorleitung nieder und riet den Obmann des Chors, den Mündner Fabrikanten Julius Francke, Gustav Mahler zum neuen künstlerischen Leiter zu bestellen. [40] Dieser Freundschaftsdienst war für Mahler insofern von großer Bedeutung, da er zur Unterstützung seiner Geschwister dringend Geld benötigte und die Chorleitung durchaus einwenig davon einbrachte. So bekam er dieses Amt und musste jeden Montag, beginnend ab Ende Oktober 1884 bis zu seinem Abschied aus Kassel nach Münden fahren, um dort die Chorproben zu leiten.

Aber auch in Kassel intensivierte sich die Zusammenarbeit von Mahler mit Schlaraffen: Am 30.10.1884 leitete Mahler seine erste Premiere am Königliche Theater; er durfte Verdis ´Amelia oder der Maskenball` dirigieren. [41] Damals war es nicht nur üblich den Titel von fremdsprachigen Opern einzudeutschen, sondern es wurde die ganze Oper in Deutsch gesungen. Im Italienische heißt diese Oper

---

[39] Gantz, J. : *Missing movement? The provenance of Blumine in Mahler's First Symphony*, Memento vom 10. Juni 2015 im Internet Archive, S. 5-6, letzter Zugriff 24.02.2018;

[40] Schaefer, H. J. : *Gustav Mahler – Jahre der Entscheidung in Kassel 1883-1885*, in: Stadtsparkasse Kassel (Hrsg.) in der Reihe: *Kassel trifft sich – Kassel erinnert sich – in der Stadtsparkasse Kassel*, Verlag Weber & Weidemeyer, Kassel, 1990, S. 58-59;

[41] Ebenda, 57;

'Un ballo in maschera`. Neben Mahler dürfte Rt Pizzicato im Orchester tätig gewesen sein. In der männlichen Hauptrolle stand Rt Fistel mit der geschwollenen Mandel profan Friedrich Heuckeshoven als Graf Richard auf der Bühne. Rt Sarastro vom tiefen Doch profan Paul Greeff sang den Verschwörer Tom. Auch sehr interessant die weiblichen Hauptrollen: Amelia wurde von Virgine Neumann-Gungl der Tochter von Erzschlaraffen Pepi dem Alten vom Berge, profan der ehemalige Musikdirektor des Königlichen Theaters, Josef Gungl gesungen. Der Page Oskar wurde wiederum von Johanna Richter darge-

stellt. In Richter war Gustav Mahler unglücklich verliebt, während er Virgine Neumann-Gungl nur verehrt haben dürfte. Für die übrigen Schlaraffen musste diese Opern-Aufführungsserie ein besonderer Genuss gewesen sein, aber sie auch mit großem Stolz erfüllt haben: Vier Schlaraffen und eine Burgmaid eines Erzschlaraffen in einer einzigen Aufführung hören zu dürfen, die alle noch als zentrale Kräfte tätig waren, das ist doch eine herausragende Leistung, die kaum überbietbar ist.

Ein weiterer Höhepunkt dieser Saison dürfte für Mahler *(Mahler im Jahre 1884)[42]* die Aufführung 'Die Jahreszeiten` von Josef Haydn in Münden am 13.02.1885 gewesen sein.[43] Er bekam dafür großartige Kritiken in

---

[42] Siehe: ÖNB/Wien Bildarchiv und Graphiksammlung, http://data.onb.ac.at/rec/baa8034750, letzter Zugriff an 31.08.2018;
[43] Ebenda, S. 60;

der lokalen Presse. Wieder waren Schlaraffe an dieser Veranstaltung beteiligt. So sang Rt Sarastro vom tiefen Doch, Oberschlaraffe in dieser und den nächsten Jahrungen die Baßpartie und Johanna Richter glänzte mit ihrem Sopran. Diese Aufführung zeigt vor allem eines, Mahler und Greeff müssen ein sehr freundschaftliches Verhältnis gehabt haben. Offensichtlich schätzte Mahler Greeff sehr, denn in Münden konnte er schalten und walten, wie er wollte. Ihm oblag die Besetzung und damit das Engagement von Greeff. Aber auch außerhalb von Münden trat Greeff sehr oft unter Mahlers Leitung auf. Er sang neben den schon erwähnten Tom im ´Der Maskenball`, den Bertram in ´Robert der Teufel`, den Kaspar im ´Der Freischütz`, den Falstaff in ´Die lustigen Weiber von Windsor`, den Gruwelholt in ´Der Rattenfänger von Hameln`, den Lüdenstein in ´Der häusliche Krieg` und den Stadinger in ´Der Waffenschmid`. [44] Rt Sarastro vom tiefen Doch sollte auch seinen Weg als Sänger machen, wie wir noch sehen werden.

---

[44] Ebenda, S. 52-53;

MAHLERS AUSTRITT AUS CHASALLA:

Auch wenn die Zugehörigkeit Mahlers zum h. Reych Chasalla völlig außer Streit steht, so ist doch das Ende dieser als sehr seltsam zu bezeichnen: Laut dem viellieben Rt Tüten findet sich in den Aufzeichnungen des h. Reyches die handschriftliche Notiz, dass Mahler 1884 aus dem Reyche „austrat". Bedauerlicherweise sind keine Angaben eines Grundes oder eines genauen Datums dazu bekannt. Wieder müssen wir – leider – spekulieren. Jedoch – glaube ich – können wir doch den ungefähren Zeitraum und auch die Gründe ein wenig rekonstruieren. Beginnen möchte ich mit einer zeitlichen Einordnung:

Dass eine neue Colonie auf ihr Auftreten im Uhuuversum größten Wert legte, war selbstverständlich, da man ja einen guten Eindruck erzeugen wollte. Neben der Stammrolle geschieht dieser Auftritt vor allem durch ′Der Schlaraffia Zeyttungen` (DSZ). Die erste Kundmachung von der Gründung der Colonie Chasalla erfolgte durch den Kantzler und wurde im November 1883 publiziert.[45] Rt Sindbad der Dampfreiter profan Wilhelm Link war offensichtlich sehr bemüht die Entwicklung seines Reyches genau zu dokumentieren, da er im regelmäßigen Abstand – etwa in jeder zweiten Ausgabe – Kundmachungen in der DSZ bekanntgab. In der – für uns wichtigen – Zeit von Ende 1883 bis zum April 1885, wo Mahler Kassel verließ, erschienen mehrere amtliche Kundmachungen in der DSZ. Am 21.03.1884 macht er kund, dass mehrere Junker den Ritterschlag erhalten haben, darunter für uns sehr wichtig – Rt Pizzicato profan Otto Kaletsch und Rt Theuerdank, der Regisseur Max Matersteig, während er vom Austritt eines Ritters berichtete.[46] In der 75. Ausgabe vom 27.11.1884 gab er den Ritterschlag eines weiteren Ritters bekannt.[47] Auch in der ersten Ausgabe 1885,

---

[45] Der Schlaraffia Zeyttungen, Ambtliches Organ der All-Schlaraffia, Nr. 64, S. 266;
[46] Ebenda, Nr. 71, S. 322;
[47] Ebenda, Nr. 75, S. 358;

die am 20.02.1885 erschien, berichtete er lediglich von der Stamm-rolle von 1885, ohne dabei auf Mahler näher einzugehen. Auch in den späteren Ausgaben z. B. Oktober 1885, also schon mehr als ein halbes Jahr nach Mahlers Weggang von Kassel, wurde er nicht weiter erwähnt.[48] Insgesamt kann man damit zum wenig befriedi-gend Ergebnis kommen, dass die Vorgänge von 1884 und 1885 in der DSZ keinen Niederschlag fanden. Das ungewöhnliche ist, dass Rt Sindbad den Austritt in der DSZ nicht bekannt gab, obwohl er dies mehrfach bei anderen Rittern, Junkern und Knappen tat. Diese Tatsache spricht dafür, dass es dem h. Reych und wahrscheinlich auch ihm sehr schwergefallen ist, Mahler so einfach ziehen zu las-sen. Ansonsten wäre diese Kundmachung doch ein leichtes gewe-sen. Jedoch findet sich noch ein weiterer Anhaltspunkt für Mahlers Austritt: In der Stammrolle a. U. 26, also 1885 taucht noch einmal der Name Gustav Mahler auf. Der Eintrag lautet:

Ehrenpilger: Gustav Mahler, Kapellmeister, Karlstraße 17.[49]

Der Vermerk, den der vielliebe Rt Tüten vorfand, dürfte der Wahrheit entsprechen: Offensichtlich war Mahler im Laufe des Jahres 1884 wieder aus Schlaraffia ausgetreten. Allerdings war es und ist es immer noch sehr, sehr ungewöhnlich, dass ein ausgetre-tener Ritter als Ehrenpilger weitergeführt wird. Im Jahre 1886 wurde Mahler überhaupt nicht mehr in der Stammrolle a. U. 27 geführt. Offensichtlich wollte zum Zeitpunkt 1884/85 weder das h. Reych noch Mahler einen totalen Bruch. Vielleicht war es die Freundschaft mit einem oder mehreren Schlaraffen, die diesen to-talen Bruch verhinderten. Allerdings sehr nahe dürfte die Bezie-hung von Mahler zu Chasalla 1885 nicht mehr gewesen sein. Ein Indiz dafür ist die angeführte Adresse in der Karlstraße. Sie dürfte

---

[48] So zum Beispiel in der Ausgabe Nr. 81, S. 409 oder in Nr. 83, S. 420;
[49] Stammrolle der Schlaraffenreyche des Erdballs, anno domini Uhui 1585; Druck von Carl Bellmann in Prag; Verlag der Schlaraffia in Prag, S. 241, siehe auch S. 51;

einfach von der Stammrolle 1884 übernommen worden sein, die damals auch stimmte, allerdings lebte Mahler von September bis Ende Oktober 1884 in der Frankfurter Straße 22 und anschließend von November 1884 bis zu seinem Weggang in der Wolfschlucht 13.[50]

Meine persönliche und rein spekulative Ansicht zu diesem Punkt ist, dass Mahlers Austritt recht rasch nach Beginn der zweiten Saison in Kassel erfolgte. Ich denke, im Zeitraum September bis Ende November 1884 teilte Mahler diesen Wunsch dem Reych mit. Als Kompromiss, den es allen leichter machte, wurde der Austritt vom Reych angenommen und er wurde gleichzeitig zum Ehrenpilger ernannt.

(Mahlerportrait aus der Zeit um 1885)[51]

Zu den Gründen seines Austritts:

Wie fast alles im Leben dürfte dieser nicht ein Monokausaler gewesen sein, vielmehr werden viele Gründe eine Rolle gespielt

---

[50] Schaefer, H. J. : *Gustav Mahler – Jahre der Entscheidung in Kassel 1883-1885*, in: Stadtsparkasse Kassel (Hrsg.) in der Reihe: *Kassel trifft sich – Kassel erinnert sich – in der Stadtsparkasse Kassel*, Verlag Weber & Weidemeyer, Kassel, 1990, S. 20;
[51] Auch dieses Foto verdanken wir Junker Eugen, profan Eugen Kegel, der auch die beiden anderen Fotos aus Mahlers Kasseler Zeit machte;

haben, die ihn in der Summe zu einem Austritt bewogen. Ich möchte ein paar aufzählen, damit wir uns im Klaren werden, welche bedeutsam sein hätten können:

1. Mahler hatte in der zweiten Kasseler Spielzeit ein enormes Arbeitspensum zu absolvieren. Während er in der ersten Spielzeit keine eigene Neuinszenierung dirigieren durfte, war bereits für Ende Oktober die erste, der schon besagte Maskenball, angesetzt. Schon vier Tage später folgte bereits die nächste, nämlich Aubers 'Maurer und Schlosser'. Die Arbeitssituation wurde zusätzlich durch das Engagement in Hannoversch Münden erhöht. Mahler war auf dieses Einkommen angewiesen und konnte es sich deswegen nicht leisten, es abzusagen. Zusätzlich war Mahler ein ausgesprochen pedantischer Dirigent und bereitete sich selber unglaublich akribisch auf seine Tätigkeit vor, was natürlich viel Zeit benötigte.

2. Mahler verliebte sich unglücklich in die Sängerin Johann Richter. Richter war eine sehr hübsche, junge Dame, die in etwa gleich alt wie Mahler war und in Danzig geboren wurde.[52] Bereits in der Spielzeit 1883/84 muss Mahler Gefühle für sie entwickelt haben. Doch richtig entflammte er erst in der Spielzeit 1884/85 für sie, denn rasch nach seiner Ankunft in Kassel Ende August 1884 schrieb Mahler an seinen alten Freund Friedrich Löhr, dass er „in Bann stehe" und hoffe „bald Gewissheit darüber zu bekommen".[53] Doch aus diesem Wunsch wurde nichts. Die Angebetete verweigerte eine klare Auskunft, wodurch Mahler vorerst nicht wusste, woran er nun bei ihr war. Genau in dieser Situation hinein begann er zuerst Gedichte zu schreiben und versuchte diese sodann zu vertonen. Mahler begann mit den Arbeiten an den 'Liedern eines fahrenden Gesellen', worin er seinen Schmerz über seine leidvolle Situation mittel Sublimierung zu verarbeiten versuchte. Von Septem-

---

[52] Ebenda, S. 76;
[53] Ebenda, S. 78 und 79;

ber bis Dezember 1884 verfasste er sechs Gedichte, vier dieser vertonte er zu einem späteren Zeitpunkt. [54] Diese Gedichte lassen erahnen, in welcher psychischen Konstitution er damals war. Für einen unglücklich verliebten, jungen Mann von 24 Jahren dürfte es wohl wenig Sinn gemacht haben, sich mit Freunden eines heiteren Spiels zusammen zu finden. Humor war sicher genau das Gegenteil, was er benötigte und was er suchte. Es ist damit wohl klar, dass ihm das Sippen wohl keine Freude bereitete.

3. Zusätzlich kam es offensichtlich zwischen Mahler und Ritter Theuerdank profan Max Martersteig zu einem heftigen Streit. Der Zwiespalt ereignete sich am 06.11.1884 also zu einem Zeitpunkt, wo Mahler vielleicht kein Ritter mehr war. An besagtem Tag war im Theater die Generalprobe zum Lustspiel 'Der Salontyroler` angesetzt.[55] Eigentlich ging es um eine Lappalie, er wäre nicht rechtzeitig, obwohl er vom Regisseur Martersteig herbeigerufen worden wäre, erschienen. Mahler bestritt dies, bekam jedoch einen Strafzettel, also eine Verweis, für dieses Verhalten.

4. Ein Grund dürfte auch gewesen sein, Mahler wurde sich bereits zu Beginn der Saison 1884/85 im Klaren, Kassel vorzeitig verlassen zu wollen. Zu unerträglich war ihm die Situation. Dazu musste er, während seiner zweiten Saison in Kassel – bedauerlicherweise nicht das letzte Mal in seinem Leben – erleben, Ziel einer antisemitischen Hetzkampagne in der lokalen Presse gegen seine Person zu werden.[56] Im Zuge eines 'Großen Musik-Fest` am Ende dieser Saison sollte er das Eröffnungskonzert und das Festkonzert dirigieren. Dies wurde als Affront gegen den ersten Kapellmeister empfunden, weshalb Mahler massiv angefeindet wurde. Am 01.04.1885 ersuchte er um vorzeitige Entlassung aus

---

[54] Ebenda, S. 82;
[55] Ebenda, S. 47;
[56] Ebenda, S. 62

seinem Vertrag. Am 05. Juli 1885 verließ er Kassel für immer. Bereits am 13.07.1885, also eine Woche später trat er sein neues Engagement in Prag an. Er macht einen Karrieresprung und wurde erster Kapellmeister am Königlichen Deutschen Landestheater (heute: Ständetheater) in Prag, wo er genau ein Jahr bleiben sollte. An jenem Theater war Rt Carl II, porfan Franz Thomé, Urschlaraffe und Gründer von Schlaraffia, von 1859 bis 1866 Direktor. Das Ständetheater war somit die Wiege Schlaraffias. Ob Gustav Mahler in seinem Prag-Jahr Kontakt mit der Allmutter Praga hatte, darf bezweifelt werden; offensichtlich war für ihn die Zeit gekommen, sein Genie zu entfalten und dazu gehört ein straffes Zeitmanagment dazu.

5. Als letzter Grund muss noch erwähnt werden, dass Schauspieler, Musiker, Sänger, Dirigenten und auch Regisseure damals ein unstetiges Leben führten. Es war damals nicht üblich mehrere Saisonen an einem Ort zu bleiben, überhaupt als junger Künstler, der Karriere machen wollte. Mahlers und aller Chasallen-Sassen Lebenswege, die noch besprochen werden sollen, beweisen dies eindrucksvoll. Soziale Verbindungen aufrecht zu erhalten, war damals – mit Ausnahme von Briefeschreiben – ebenso nicht möglich. Auch das Reisen war damals sehr teuer und mühsam. Man sieht dies am Beispiel Mahlers sehr schön: Obwohl Iglau, wo seine Familie zu Hause war, von Prag nur etwa 130 km/h entfernt war, besuchte Mahler diese – unserem Kenntnisstand nach – nur vor und nach seinem Engagement in Prag, also zweimal innerhalb eines Jahres.

An Mahlers Zeit in Kassel erinnern heute ein nach ihm benannter Weg im Stadtteil Kaufungen in der Nähe der Leipziger Straße und in unmittelbarer Nähe zur Schönen Aussicht und der documenta-Halle verbindet die Gustav-Mahler-Treppe den Friedrichsplatz mit der Karlsaue.

GUSTAV MAHLERS WEITERER LEBENSWEG:

Nur sehr flüchtig sollen die wichtigsten, nachfolgenden Karriere-Stationen von Gustav Mahler geschildert werden. Nach dem Prag Jahr sollte er von 1886-1888 Kapellmeister am Stadttheater in Leipzig werden. Sein nächster Karrieresprung erfolgte 1888; er wurde Direktor der Königlichen Oper Budapest und blieb dies bis 1891. Es folgten die Jahre von 1891 bis 1897, wo er als erster Kapellmeister in Hamburg am Stadt-Theater arbeitete. Für zehn Jahre war er schließlich Künstlerischer Direktor der Hofoper in Wien und damit Nachfolger von Wilhelm Jahn. Seine letzte Station war sodann New York, wo er ab 1908 für zwei volle Saisonen zuerst an der Metropolitan Opera und als Gastdirigent des New York Symphony Orchestras auftrat. Im Jahr 1909 übertrug man ihm, um ihn an New York zu binden, die Leitung der New York Philharmonic. Von November 1909 bis zu seinem Abschied von New York 1911 dirigierte er diese in 95 Konzerte. Am 08.04.1911 verließ Mahler New York, um seine Herzkrankheit auszukurieren. Am 18.05.1911 starb er in Wien und wurde am Grinzinger Friedhof in einem Ehrengrab bestattet. Gustav Mahler ist heute Ehrenschlaraffe in den hohen Reychen Vindobona (24) und Chasalla (51).

(Gustav Mahler)[57]

Als letzter Punkt dieser kleinen Abhandlung soll nun noch kurz die weiteren Lebenswege von mehreren Chasalla-Sassen, die hier bereits erwähnt wurden, beschrieben werden.

---

[57] Radierung von Emil Orlik; siehe: ÖNB/Wien Bildarchiv und Graphiksammlung, http://data.onb.ac.at/rec/baa12881935, letzter Zugriff am 31.08.2018;

LEBENSWEG AUSGEWÄHLTER CHASALLEN-SASSEN:

Rt Theuerdank mit dem Wuthknochen, profan Max Martersteig (geb. 11.02.1853, Weimar – gest. 03.11.1926, Köln): Er machte eine steile Karriere. Er begann diese als Schauspieler bei Otto Devrient in Berlin. Von 1874 bis 1876 spielte er in Döbeln, Weimar und Mainz. Er war in Kassel von 1882 bis 1885 engagiert. In Kassel schaffte er den Karrieresprung zum Oberregisseur. 1885 wurde er am Nationaltheater in Mannheim Oberregisseur und artistischer Leiter. 1890 wurde er in Riga Theaterleiter am deutschsprachigen Stadttheater. In derselben Position wirkte er ab 1905 in Köln und von 1912 bis 1918 am Städtischen Theater in Leipzig. Im Jahre 1904 veröffentlichte er ein Standardwerk der Theaterwissenschaften mit dem Titel ´Das deutsche Theater im 19. Jahrhundert`. Nach 1921 wurde er von der Universität Köln mit der Ehrendoktorwürde ausgezeichnet und bis zu seinem Tode lehrte er am theaterwissenschaftlichen Institut von Köln. Martersteigs Regiestil zeichnete sich durch seine

(Max Martersteig um 1910)[58]

---

[58] Siehe: https://upload.wikimedia.org/wikipedia/de/6/62/Max_Martersteig.jpg, letzter Zugriff am 21.09.2018;

strenge Liniensprache und Hell-Dunkel-Kontraste aus. Er reihte sich damit in den Kreis der impressionistischen-symbolistischen Theaterreformer ein, wie Max Reinhard.[59] Auch als Dramatiker betätigte er sich, wobei seine dramatische Werke heute völlig vergessen sind.[60] 1968 wurde nach ihm die Martersteigstraße in Köln-Chorweiler benannt. Auch in seiner Heimatstadt Weimar gibt es eine Martersteigstraße, die den großen Sohn der Stadt ehrt.

Rt Miklos der Velocipetriste, profan Adolf Weisse (geb. 04.04.1855 in Lugos (heute Rumänien) – gest. 17.07.1933, Wien); Weisse besuchte die Greysche Theaterschule in Wien und seinen ersten Auftritt absolvierte er ab 1878 am Deutsche Theater in Budapest. Sein erstes feste Engagement führte ihm nach Kassel, wo er sechs Jahre bleiben sollte. Weitere Stationen seiner Schauspieler Karriere waren 1885 das Königliche Schauspielhaus Berlin und ab 1887 das Stadttheater Köln. 1889 kehrte er nach Wien ans gerade neu gegründete Deutsche Volkstheater (heute Volkstheater)

(Adolf Weisse als Wallenstein)[61]

---

[59] Siehe: http://saebi.isgv.de/biografie/Max_Martersteig_(1853-1926), letzter Zugriff am 20.08.2018;

[60] Siehe: https://de.wikipedia.org/wiki/Max_Martersteig, letzter Zugriff am 20.08.2018;

[61] Siehe: ÖNB/Wien Bildarchiv und Graphiksammlung, http://data.onb.ac.at/rec/baa307650, letzter Zugriff am 31.08.2018;

zurück. Im März 1902 übernahm Weisse gemeinsam mit Emmerich von Bukovics die Leitung des Deutschen Volkstheaters, ab Juli 1905 (nach dem Tod des Kollegen) bis 1916 in alleiniger Verantwortung.[62] Wenn man bedenkt, dass Mahler von 1897 bis 1907 also zur selben Zeit, wie Weisse die Leitung der Wiener Hofoper oblag, ist dies schon einmalig. Weisse setzte sich für die Aufführung von zeitgenösisschen Dramatikern wie: Gerhart Hauptmann, Bernard Shaw, Arthur Schnitzler oder Frank Wedekind ein und gehörte schon bald zu den prägenden Grössen der Wiener Theaterszene.[63] Er blieb auch als Schauspieler aktiv und wurde zu einem der ersten Schauspielstars in der Zeit des Stummfilms. Dazu gehören die Produktionen aus 1920: Die Würghand/Der Weibsteufel; Prinz und Bettelknabe; Die Geheimnisse von London/Das siebente Gebot; 1923: Jedermanns Weib; 1924: Die Sklavenkönigin sowie Salambo.[64]

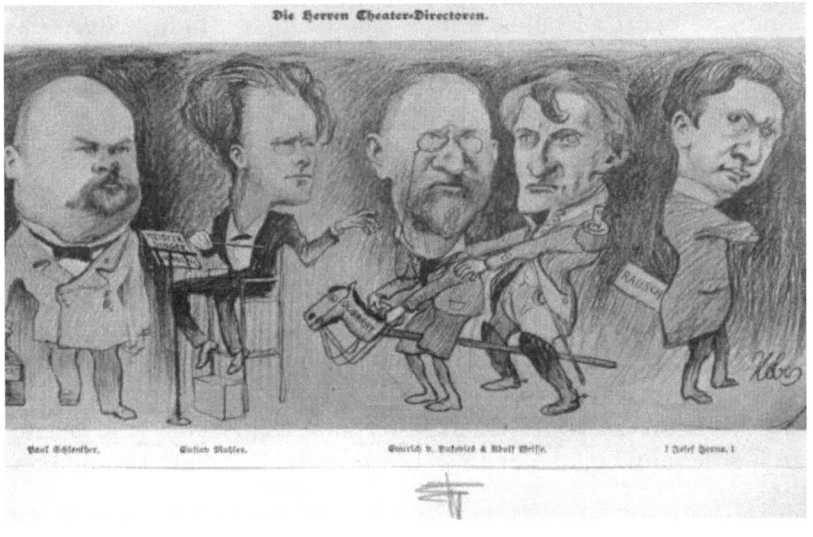

[62] Siehe: https://de.wikipedia.org/wiki/Adolf_Weisse, letzter Zugriff am 20.08.2018;

[63] Siehe: http://www.cyranos.ch/smweiy-d.htm, letzter Zugriff am 20.08.2018;

[64] Siehe: https://www.filmportal.de/person/adolf-weisse_e736488bdef74fb987b2510d928cdb43, letzter Zugriff am 20.08.2018;

(Gruppe von Wiener Theaterdirektoren: (von links nach rechts) Paul Schlenther, Gustav Mahler, Emerich von Buzkovics und Adolf Weisse, Josef Jarno. Druck. Karikatur aus der "Zeit" 1903.) [65]

In der Jahrung a.U. 23/24 bekleidete er im h. Reych Chasalla das Amt des Marschalls und in der Folgenden das Amt des Ceremonienmeisters.

Adolf Weisse wurde in einem Ehrengrab am Wiener Zentralfriedhof, Tor 5, Gruppe 9 A, Reihe 2, Nr. 6 bestattet. [66]

Rt Coriolan der Stürmer, profan Gustav Thies (geb. 05.09.1845 in Hannover – gest. 19.10.1918, Oberlahnstein). Ähnlich wie Weisse begann Thies auch seine Karriere als Schauspieler. Die Stationen seiner Laufbahn waren das Bremer Stadttheater; das Hoftheater in Meiningen; das Hoftheater in Hannover und führte ihn schließlich von 1877 bis 1893 nach Kassel, wo er in der Jahrung a. U. 23/24 Oberschlaraffe war. Ab 1885 begann er Regie zu führen und ab 1891 wurde er Oberregisseur. Ab 1898 leitete er das Stadttheater Luzern und ab 1902 das Posener Stadttheater. [67] Während dieser Jahre verfasste er auch Theaterstück, die heute in Vergessenheit gerieten. [68]

Rt Buchholz der Gemüthliche, profan Emil Hecht (geb. 31.10.1857 in Breslau – gest. 14.04.1916 in Mannheim). Auch er bestritt die Karriere vom Schauspieler zum Regisseur. Sein beruflicher Werdegang begann er 1875 in Liegnitz. Es folgten Hamburg,

---

[65] Siehe: ÖNB/Wien Bildarchiv und Graphiksammlung, http://data.onb.ac.at/rec/baa8036076, letzter Zugriff am 20.08.2018
[66] Siehe: http://www.viennatouristguide.at/Friedhoefe/Zentralfriedhof/Tor5/Graeber/weisse_e.htm, letzter Zugriff am 20.08.2018;
[67] Siehe: Deutsche Theater-Lexikon, Bd. 4, S. 2562;
[68] Siehe: https://de.wikipedia.org/wiki/Gustav_Thies, letzter Zugriff am 20.08.2018;

Straßburg, Mainz. Von 1883 bis 1893 war er in Kassel engagiert. Anschließend war er am Hof- und Nationaltheater Mannheimer mit Unterbrechungen sowohl am Berliner Theater als auch am Goethetheater in Berlin tätig.

Rt Sarastro vom tiefen Doch, profan Paul Peter Kaspar Greeff (geb. 03.07.1854 in Köln – gest. 18.05.1923, Frankfurt am Main). Sein Debut feierte er als Bass in Dresden 1878, über das Stadttheater Nürnberg und dem Opernhaus Köln kam er 1883 nach Kassel und blieb bis 1889. In dieser Zeit war er mehrere Jahrungen Oberschlaraffe. Sein nächstes Engagement war das Opernhaus in Frankfurt. Ein Höhepunkt seiner Sängerkarriere war der Auftritt bei den Bayreuther Festspiele 1897, wo er dreimal im Ring unter Hans Richter als Hagen und Hunding auftrat.[70] Cosima Wagner sendete ihm dafür ein Dankschreiben.[71] 1886 gastierte er an der Hofoper in

(Paul Greeff)[69]

[69] Siehe: mit freundlicher Genehmigung der Universitätsbibliothek Johann Christian Senckenberg, Universität Frankfurt: http://sammlungen.ub.uni-frankfurt.de/manskopf/urn/urn:nbn:de:hebnis:30:2-92622; letzter Zugriff am 14.09.2018;

[70] Siehe: https://de.wikipedia.org/wiki/Hunding_(Operngestalt), letzter Zugriff am 16.03.2018;

[71] Siehe: http://www.greeff.info/tng01/getperson.php?personID=I124&tree=GreeffinGermany, letzter Zugriff am 20.08.2018;

Wien und 1900 bis 1902 war er Teil des Ensembles der Münchner Hofoper. Es folgten noch Mannheim 1908 und schließlich das Stadttheater in Basel. Sein Repertoire umfasste vom Sarastro aus ´Der Zauberflöte` bis zum Landgraf Hermann aus ´Tannhäuser` das gesamte Spektrum eines deutschen Basses.[72]

Rt Fistel mit der geschwollenen Mandel, profan Friedrich von Heukeshoven (geb. 05.10.1855 in Attendorn – gest. 01.09. 1926 Staßfurt) Tenor. Friedrich von Heukeshoven begann seine Karriere 1878 am Stadttheater in Straßburg. Es folgten Stationen in Thüringen, Graz und von 1883 bis 1886 in Kassel. Anschließenden folgten Prag, Breslau, Wiesbaden, Nürnberg, Augsburg und schließlich Basel von 1897 bis 1904. In seinen letzten Jahren war er nur noch als Gastsänger an verschiedenen Häuser tätig. Sein Repertoire umfasst mehr als 140 Rollen und auch als Konzertsänger war er sehr gefragt.[73] Zum Vergleich dazu sei auf den großen Placido Domingo verwiesen; dieser kam am Ende seiner Karriere auf etwa 150 Rollen.[74]

---

[72] Siehe: Bayerisches Musiker-Lexikon Online, hrsg. von Josef Focht, http://bmlo.de/g0605, Stichwort Greef, Paul Peter Kaspar, letzter Zugriff am 20.08.2018;
[73] Siehe: http://www.ipernity.com/doc/289583/album/650797, letzter Zugriff am 20.08.2018;
[74] Siehe: https://www.br-klassik.de/aktuell/news-kritik/salzburger-festspiele-2018-placido-domingo-bizet-perlenfischer-kritik-100.html, letzter Zugriff am 31.08.2018;

1. KLEINES SCHLARAFFENLATEIN:

Anno Uhui (a. U.):	Beginn der Zeitrechnung also der 10.10.1859;
Allmutter Praga:	Allererste Schlaraffia, die am 10.10.1859 in Prag gegründet wurde;
Allschlaraffia:	Übergeordneter, schlaraffischer Verband;
Allschlaraffische Stammrolle:	Mitgliederverzeichnis Allschlaraffias;
Burg:	Sitzungsort;
Clavicimbel:	Klavier;
Colonie:	Schlaraffia, die gerade gegründet wird;
Ehrenschlaraffe:	Kann sowohl ein Mitglied von Schlarafia oder ein Nicht-Mitglied sein, welches besonders verehrt wird;
Ehrenpilger:	Verdienter, profaner Freund einer Schlaraffia;
Erzschlaraffe:	Gründungsmitglied einer Schlaraffia;
Fechsung:	Erzeugnisse in Poesie, Prosa, Musik, das bei einem Treffen vorgetragen werden;
Jahrung:	Jahr;

Knappe, Junker:	Mitglieder in Ausbildung;
Pilger:	Gast, der Schlaraffe werden möchte;
der Profane:	der Nichtschlaraffe;
profane Welt, Profanei:	nichtschlaraffische Welt;
Reych:	Eine Schlaraffia in einem Ort;
Reych (1):	Reychsnummer, durchlaufende Nummer der gegründeten Schlaraffias;
Ritter:	Vollberechtigtes Mitglied in Schlaraffia;
Rittername:	Schlaraffischer Name eines vollberechtigten Mitgliedes;
Sasse:	Mitglied eines Reyches;
Sippen:	einem Treffen beiwohnen;
Sippung:	Schlaraffisches Treffen;
Uhutag:	Sitzungstag;
Uhuversum:	Welt und Universum;
Weltenbrand:	Weltkrieg;
Zinkenmeister:	Amt des Klavierspielers;

2. Auszug aus den zitierten Stammrollen:

Emona.
(Laibach.)

Gegründet am 7. October 1580.

Burg: Cafinoburg.   Sippungstag: Mittwoch.

Amtliche Briefadresse: Blitzogrammadr. am Sippgstage:
Emil Preitlachner.   Schlaraffia — Cafino.

Oberschlaraffen.

Ritter Kladdradatsch der Schriftstehler, Erb-O.-Schl., O.-Schl. des Aeußern. (Eduard Wawreczka, k. k. Steuer-Inspektor, d. Z. Gottschee.)

„   Asturio der Pantoffelheld, Erb-Schl., O.-Schl. des Innern. (Arthur Mahr, cand. prof., Kaiser Josefsplatz.)

„   Ultramarin von Mekmek, Erb-Schl., O.-Schl. für Kunst, Hofmaler. (Josef Smutny, Artist, Hotel Stadt Wien.)

Kanzler.

Ritter Schwarzbart der Hinkende, Erb-Schl., Kanzler. (Emil Preitlachner k. k. Postbeamte, Franz Josefsstraße 2.)

Seßhafte Schlaraffen.

Ritter Bertram der Süßholzraspler, Reichsmarschall. (Eduard Unger, Opern-sänger, Deutsche Gasse 5.)

„   Colophonium der Winfler, Erb-Fanfarenm. u. I. Zinkenm. (Georg Mayer, Orchester-Direktor, Deutscher Platz 1.)

„   Firniß der Bittere. (Viktor Naglas, Möbelhändler, Auerspergplatz.)

„   Galgenberg, Erb-Polizeimeister. (Robert Bamberg, k. k. Gerichts-Auscul-tant, Hotel Elefant.)

„   Hannes van de Hütten. (Bruno Felix, Schauspieler, Rathhauspl. 17.)

„   Hupfer der Kegelmarder. (Viktor Cantoni, Handelsmann, St. Florians-gasse 25.)

„   Jancsi der Papicirte. (Eugen Berger, Schauspieler, Deutsche Gasse 2.)

„   Canzknecht der Stifter, Erb-Schl. (Ant. Krob, Bahnbeamter, Rudolfspl.)

„   Marasquin der Schachbrettschinder, Erb-Schl., Reichsschatzm. (Rud. Kizbisch, Conditor, Congreßplatz.)

(Stammrolle der Schlaraffenreyche des Erdballs, anno domini Uhui 1582 am 15. Februarii (15.02.1882); Druck von Carl Bellmann in Prag; Verlag der Schlaraffia in Prag, S. 57;)

Fahrende Schlaraffen.

Ritter Damian von Bimſenſtein. (Moriz Brackl, Schauſpieler, Wels.)

„ Gambrinus der Wampete. (Karl Reichl, k. k. Schätzungs-Referent in Görz.)

Junk. Ludwig. (Ludwig Hartmann, k. k. Schätzungsreferent in Gurkfeld, Krain.)

Ehrenſchlaraffen.

Ritter Raps der Große. (Edmund Eichler, Kaufmann, Prag.)

„ Erb- und Raugraf Deſchmann der Gemüthliche, Erb-Schl. (Karl Deſchmann, Landesausſchuß-Beiſitzer, Laibach, Quergaſſe.)

„ Joſef der Geſtrenge und Ungerechte von Thury. (Joſef Manczka, Inhaber der 1. Wiener Central-Ankündigungs-Anſtalt, Wien, Dorotheer-gaſſe 19.)

„ Lambert von Kannengießer der Knirps. (Lambert Pawek, Ingenieur, Wien III., Ungargaſſe, Hotel Goldſpinnerin.)

Ehrenpilger. . . . (Guſtav Mahler, Kapellm., Laibach, Auerspergplatz.)

(Stammrolle der Schlaraffenreyche des Erdballs, anno domini Uhui 1582 am 15. Februarii (15.02.1882); Druck von Carl Bellmann in Prag; Verlag der Schlaraffia in Prag, S. 59;)

)aul Burghardt

or Roberti, Re.

. M. (Jacques

, Sch. (Julius
a.)

Jrwin, Schau.

ützenftr. 13.)

Schützenbahn 37.)

er, Rottftr. 29.)

benftr. 14.)

Vereinsftr. 58.)

)tilienftr. 6.)

Burgftraße.)

Colonie Chaffalla.

(Caffel.)

Gegründet am 26. September 1583.

Burg: Löwenburg.

Sippungstag: Freitag.

Amtliche Briefadreffe:
W. Link, Eifenb.-Controleur.

Bltzgr.-Adr. a. Sippgst.:
Schlaraffia — Palais-Reft.

———※———

Oberfchlaraffen:

Ritter **Buchholz d. Gemüthliche**, E3. (Emil Hecht, königl. Schaufpieler, Hotel „Deutfcher Kaifer".)

" **Coriolan der Stürmer**, E3. (Guftav Chies, königl. Schaufpieler, Sophienftr.)

" **Saraftro v. tiefen Doch**, E3. (Paul Greeff, Opern-fänger, Wilhelmshöher-Allee.)

Kantzler:

Ritter **Sindbad d. Dampfreiter**, E3. (W. Link, Eifenbahn-controleur, Holländifcheftraße 19.)

Seßhafte Schlaraffen:

Ritter **Fiftel mit der gefchwollenen Mandel**, E3., C. (friedr. Henkeshoven, kgl. Opernf., Wilhelmshöher-Allee, (Wehlheiden).

15

(Stammrolle der Schlaraffenreyche des Erdballs, anno domini Uhui 1584 (1884); Druck von Carl Bellmann in Prag; Verlag der Schlaraffia in Prag, S. 225;)

47

Ritter Klingsohr der v. Phlegma, Ej., Z. (G. Mahler, kgl. Musikdirector, Karlsstr. 17.)

„ Miklos der Velocipetriste, Ej., M. (A. Weiße, kgl. Schauspieler, Cölnischestr. 34.)

„ Nimrod der Sechzehnender, Ej., Sch. (Ferdinand Schmidt, Rentier, Hohenzollernstr.)

„ Otto der Seelenfänger. (Otto Germeroth, Verf.-Inspector, Martinsplatz.)

„ Pepi der Alte vom Berge, Ej. (Jos. Gungl, kgl. Musikdirector, Königsstr.)

„ Wimmerholz vom Quicksack. (Jean Grimm, kgl. Kammermusikus, Oberstegasse 42.)

Junk. Otto. (Otto Kaletsch, Kammermusicus, Graben 15.)

Knap. Nr. 1. (Dr. med. Froelich, Oberstabsarzt a. D., Gr. Rosenstr. 10.)

„ „ 2. (Otto Kahrstedt, Regierungs-Baumeister, Königsthor 3.)

„ „ 4. (Dr. Spindler, Referendar, Frankfurterstr. 2.)

„ „ 5. (P. Guzmer, Regierungs-Baumeister, Friedr.-Wilh.-Platz 5.)

„ „ 11. (E. Jerusalem, Redacteur.)

„ „ 12. (E. Kegel, Photograph.)

„ „ 13. (F. Treller, Schauspieler.)

Burg: E

Ambtliche

Rud. Hellba

Rhed

Ritter Avan
spieler,

„ Positi
Photog

Ritter Carlo
Schausp

Ritter Cassan
cher, Sc

„ Jambr

(Stammrolle der Schlaraffenreyche des Erdballs, anno domini Uhui 1584 (1884); Druck von Carl Bellmann in Prag; Verlag der Schlaraffia in Prag, S. 226;)

Chafalla.

(Caſſel.)

Gegründet am 26. September 1583.

Burg: **Löwenburg**.	Sippungstag: **Freitag**.
Ambtliche Briefadreſſe:	Bltgr.-Adr. a. Sippgst.:
W. Link, Eiſenb.-Controleur.	Schlaraffia — Palais-Reſt.

━━━━━━━ ✳ ━━━━━━━

Würdenträger.

Oberſchlaraffen:

Ritter **Saraſtro vom tiefen Doch**, E3. (Paul Greeff, kgl.
Opernſänger, Wilhelmshöher-Allee, Wehlheiden.)

„ **Buchholz der Gemüthliche**, E3. (Emil Hecht, königl.
Schauſpieler, Hôtel 3. deutſchen Kaiſer.)

„ **Sindbad der Dampfreiter**, E3. (Wilh. Link, Eiſen-
bahn-Controleur, Holländ. Straße 19.)

Kantzler:

Ritter **Sindbad der Dampfreiter**, E3. (Wilh. Link, Eiſen-
bahn-Controleur, Holländiſche Straße 19.)

───────

Marſchall: Ritter **Hyppokrates der Traurige**. (Dr. med.
Frölich, Oberſtabsarzt a. D., Große Roſenſtraße.)

*(Stammrolle der Schlaraffenreyche des Erdballs, anno domini Uhui 1585
(1885); Druck von Carl Bellmann in Prag; Verlag der Schlaraffia in Prag,
S. 239;)*

Junk. Theodor. (Theodor Wagner Referendar, Meßplatz 16.)

Knap. Nr. 18. (G. Ellenberger, Kam.-Musiker, Schäferg. 7.)

 „ „ 19. (Emil Wülfing, Intend.-Secr., Bahnhofsstr.)

Fahrender Schlaraffe:

Ritter Bliemchen von Frechenstein. (Ernst Jerusalem, Redakteur, z. Z. Berlin.)

Ehrenschlaraffe:

Ritter Bräsig der Gereuterte. (E. Bräß I., Rentner, Nordhausen.)

Ehrenpilger:

Gust. Mahler, Kapellmeister, Karlstraße 17.

Wilhelm Schaffgans, kgl. Opernsänger.

(Stammrolle der Schlaraffenreyche des Erdballs, anno domini Uhui 1585 (1885); Druck von Carl Bellmann in Prag; Verlag der Schlaraffia in Prag, S. 241;)

3. DER AUTOR:

Johannes Höggerl wurde 1973 geboren. Er wuchs in seiner Heimatstadt Salzburg auf und studierte Rechtswissenschaften und Philosophie. Nach Abschluss des Jus-Studiums 1999 arbeitete er zunächst als Rechtspraktikant am Bezirksgericht Hallein und am Landesgericht Salzburg. Es folgten für fast drei Jahren eine Anstellung in der Bundespolizeidirektion Salzburg als Verwaltungsjurist. Nebenberuflich schloss er während dieser Zeit sein Doktorratsstudium in Jus und auch sein Philosophie-Studium ab. Anschließend arbeitete er für 12 Jahren in der Bezirkshauptmannschaft Salzburg-Umgebung als Jurist für Verwaltungsstrafen und für den Entzug der Lenkberechtigung. 2015 wurde er auf Grund seiner Muskelschwunderkrankung in den vorzeitigen Ruhestand versetzt. MMag. Dr. Johannes Höggerl ist seit 2006 verheiratet und Vater einer Tochter.